Ricette Vegane per
Tacos e Patatine

Tarcisio Mescatello

Ricette per hamburger, panini, tacos, empanadas e burritos in versione vegana di Tarcisio Mescatello

INTRODUZIONE...3
PATATINE FRITTE..4
  1.Patatine fritte americane..................................5
  2.Patatine fritte...7
  3.Patatine Fritte..9
  4.Anelli di cipolla classici...................................11
  5.Patatine Fritte..12
  6.Patatine fritte della campagna italiana 14
  7.Patate dolci fritte speziate..............................16
  8.Patatine Fritte..18
  9.Patatine Veneziane Venice...............................20
  10.Un pranzo di quarta elementare....................22
  11.Patatine Fritte Mediterranee..........................24
  12.patatine fritte messicane...............................26
  13.Patatine fritte dal Belgio................................27
  14.Patatine Fritte...29
  15.Patatine fritte per luglio.................................30
  16.Patatine fritte al pepe bianco.........................32
  17.Patatine Sale & Aceto.....................................34
  18.Patatine Fritte con 3 Ingredienti....................36
  19.Classici a 4 ingredienti...................................38
  20.Parmigiano Cipolle e Patatine........................40
  21.Tagli stropicciati...42
  22.Patatine fritte Yukon ateniesi.........................44
  23.Fry'Em due volte patatine fritte......................46
  24.Patatine fritte della Georgia Backroad...........48
  25.Patatine fritte in stile New Jersey Diner.........50
  26.Patatine fritte al forno per la cena.................52
  27.Patatine fritte per sempre.............................54
  28.Patatine Portoghesi Semplici..........................56
  29.Patatine Fritte Olio Tartufo e Prezzemolo........58
  30.Cuocere le Patatine Fritte...............................60
  31.Patatine fritte alla creola della Louisiana.........62
  32.Patatine fritte facili in stile azteco.................64
  33.Patatine al cumino al curry indiano.................66
  34.Patatine Al Cartamo..68
  35.Patatine fritte al coriandolo............................70
  36.Patatine Senape Pepe Lime.............................72
  37.Patatine Fritte Al Limone.................................74

38.patatine fritte..76

39.Patatine con Tourtiere..78

40.Patatine fritte della Fiera di Stato........................80

41.Patatine fritte rustiche al mulino a vento...........82

42.Patatine Fritte..84

43.Spicchi al curry...86

44.Patatine fritte a colazione...................................88

45.Patatine fritte dalla Giamaica............................90

46.Erbe francesi di Provenza 92

47.Condimento francese Tourtiere French............94

48.Caraibi (curry giamaicano) 96

49.Mix di spezie cajun..98

TACO VEGANI.. 100

50.Tacos croccanti di ceci.......................................101

51.Tacos di lenticchie, cavolo riccio e quinoa........103

52.Tacos di frutta fresca..106

53.Tacos di funghi con Chipotle..............................109

CONCLUSIONE...111

INTRODUZIONE

Gli Stati Uniti hanno la più grande industria di fast food al mondo e ci sono ristoranti fast food americani in oltre 100 paesi. Persone di ogni tipo sono attratte dai ristoranti a basso costo e ad alta velocità che servono cibi indulgenti e popolari.

Ma siamo onesti, il cibo non è salutare. La buona notizia è che è facile preparare a casa i tuoi piatti preferiti del menu del fast food. Puoi scegliere gli ingredienti in modo che possano essere salutari, nostalgici e indulgenti.

Ti piacciono gli hamburger, i panini, i tacos, le empanadas e i burritos e stai cercando versioni vegane? Allora adorerai questa carrellata di ricette di fast food vegane da sbavare!

PATATINE FRITTE

1. Patatine fritte americane

ingredienti
- 4-5 grandi patate color ruggine, private della pelle, tagliate a strisce sottili, ammollate in acqua fredda
- Olio di arachidi
- sale kosher

Indicazioni
1. Imposta il forno a 200 gradi prima di fare qualsiasi altra cosa.
2. Contemporaneamente inizia a scaldare un po' di olio di arachidi in un forno olandese. Scaldare l'olio fino a raggiungere una temperatura di 330 gradi F.
3. Scolate le patate dall'acqua fredda in cui sono state messe a bagno mentre le tagliate e asciugatele.
4. Una volta che l'olio ha raggiunto la temperatura ideale, metti le patatine nell'olio con cura. Lavorando in serie,

cuocete le patate per 4 minuti poi adagiatele su un piatto rivestito di carta assorbente.

5.   Una volta che tutte le patate saranno cotte per 4 minuti e scolate dall'olio in eccesso. Porta il tuo olio più caldo a 375 gradi.

6.   Una volta che l'olio ha raggiunto la nuova temperatura iniziate a friggere le patate per altri 4 minuti finché non saranno croccanti.

7.   Mettere il tutto su una gratella per scolare poi una volta che tutte le patate sono state fritte e scolate, cospargerle di sale.

8.

2. Patatine fritte

ingredienti
- patata, privata della pelle, tagliata a listarelle
- olio d'oliva
- condimento creolo

Indicazioni
1.	Imposta il forno a 425 gradi prima di fare qualsiasi altra cosa.
2.	Prendi un sacchetto di plastica richiudibile e metti le patate tagliate nel sacchetto di plastica. Versare un po' di olio d'oliva e anche un po' di condimento creolo a volontà.
3.	Agitare le patate nel sacchetto per ricoprirle uniformemente di olio e spezie.
4.	Disporre tutte le patate in una casseruola. Una volta che tutte le patate sono state adagiate nella teglia e il forno ha raggiunto la giusta temperatura. Cuocere le patatine in forno per circa 20-30 minuti fino a quando non sono completamente cotte.
5.	Lascia che le patatine e il piatto perdano il loro calore e raggiungano la temperatura ambiente, quindi metti tutte le

patatine e il piatto stesso nel congelatore per congelare rapidamente le patatine.

6.   Una volta che tutto è congelato, rimuovi le patatine dal congelatore e riponi con cura il tutto in sacchetti richiudibili per la conservazione o grandi Tupperware.

7.   Quando ti piacciono le patatine, togli una porzione dal congelatore e riscaldale in forno a 425 gradi per circa 17 minuti.

3. **Patatine Fritte**

ingredienti
- 1 buste da 32 once patatine fritte surgelate tritate
- 3 cucchiaini di olio di arachidi
- 2 cucchiai di parmigiano
- 3/4 cucchiaino di sale
- spray da cucina
- 2 cucchiai di burro
- 8 spicchi d'aglio, tritati
- 2 cucchiai di prezzemolo fresco, finemente

Indicazioni
1. Imposta il forno a 400 gradi prima di fare qualsiasi altra cosa.
2. Prendi un sacchetto richiudibile e metti le patatine nel sacchetto insieme all'olio e al sale. Agitare il sacchetto per ricoprire uniformemente le patatine con olio e sale.
3. Metti tutte le patatine su una teglia che è stata ricoperta di spray antiaderente. Disporre uniformemente le

patate sul piatto e cuocere il tutto per 12 minuti quindi girare le patatine e continuare a cuocerle per altri 10 minuti.

4.   A questo punto prendete una padella e iniziate a scaldarla, aggiungete l'aglio e il burro e fate cuocere l'aglio per 3 minuti a fuoco basso. Sbattere l'aglio mentre cuoce per evitare che si bruci e per condire il burro. Aggiungere il formaggio, il prezzemolo e le patate nella padella e continuare a cuocere e mescolare il tutto per altri 2 minuti circa.

5.   Cerca di ricoprire tutte le patatine in modo uniforme con burro e spezie.

4. Anelli di cipolla classici

ingredienti

- 3 cipolle grandi, affettate ad anelli sottili
- 2 tazze di latte
- 2 tazze di farina per tutti gli usi, in una ciotola olio sale

Indicazioni

1. Metti il latte in una ciotola e immergi le cipolle nel latte. Lasciare riposare le cipolle nel latte per 8 minuti.

2. Mentre le cipolle si stanno ammollando, aggiungi l'olio in un forno olandese e inizia a scaldarlo per friggere.

3. Una volta che l'olio è caldo, immergere nella farina una partita di cipolle ammollate e infarinarle uniformemente. Una volta che le cipolle sono state ricoperte uniformemente e l'olio è caldo, iniziare a friggere le cipolle nell'olio fino a quando non sono dorate e dorate.

4. Adagiate gli anelli fritti su un piatto foderato di carta assorbente per farli scolare, quindi ricopriteli di sale.

5. Patatine Fritte

ingredienti

- 6 patate medie, private della pelle, affettate in patatine fritte
- oncia di condimento italiano
- cucchiai di olio
- 1 cucchiaio di prezzemolo fresco, Tritato

Indicazioni

1. Imposta il forno a 350 gradi prima di fare qualsiasi altra cosa.
2. Una volta affettate le patate, asciugatele e lasciatele riposare per circa 20 minuti in modo che si asciughino ulteriormente.
3. Prendi una ciotola e mettici dentro le patatine. Condite le patatine con l'olio e mescolate il tutto.
4. Prendi una teglia o una casseruola e metti le patatine nella teglia o sulla teglia. Condisci le patatine in modo uniforme con il mix di condimento e poi mescola tutto. Quindi guarnire di nuovo le patatine con il prezzemolo e mescolare di nuovo.
5. Cuocere le patatine in forno per 22 minuti, quindi girare le patatine.

6.   Ora continua a cuocere per altri 4-8 minuti con una temperatura del forno di 450.

7.

6. Patatine fritte della campagna italiana

ingredienti
- 4 patate color ruggine sbucciate e tagliate a listarelle.
- 1 pizzico di pepe di Caienna
- 1/2 tazza di burro, fuso
- sale e pepe
- polvere d'aglio
- cipolla in polvere

Indicazioni
1. Imposta il forno a 375 gradi prima di fare qualsiasi altra cosa.
2. Rivestite una casseruola con lo spray da cucina, quindi adagiatevi le patatine fritte e cuocetele in forno caldo per 13 minuti.
3. Togliete le patatine dal forno e ricopritele con il burro fuso. Completare le patatine con un po' di pepe e sale, cipolla e aglio in polvere e pepe di Caienna. Mescolare il tutto per ricoprire uniformemente le patatine, quindi rimettere tutto

in forno per altri 10-12 minuti circa o fino a quando non sono cotte a proprio piacimento.
4.

7. Patate dolci fritte speziate

ingredienti
- grande bianco d'uovo
- cucchiaini di peperoncino in polvere
- 1/2 cucchiaino di sale
- 1/4 cucchiaino di aglio in polvere
- 1/4 di cucchiaino di cipolla in polvere
- 16 once di patate dolci sbucciate, tagliate a strisce di 1/2 pollice

Indicazioni
1. Imposta il forno a 450 gradi prima di fare qualsiasi altra cosa.
2. Prendi una ciotola, unisci: spezie e uova. Sbattere completamente il composto, quindi unire le patate e mescolare il tutto per ricoprire bene le patatine.
3. Adagiate tutte le vostre patate in una casseruola e fatele cuocere per circa 11 minuti in forno. Quindi gira le patatine e continua a cuocere per altri 11 minuti.

8. Patatine Fritte

ingredienti

- 5 grandi patate da forno, tagliate a fiammiferi
- olio vegetale leggero
- spray da cucina
- 2 albumi grandi
- 1 cucchiaio di spezie Cajun

Indicazioni

1. Imposta il forno a 400 gradi prima di fare qualsiasi altra cosa.
2. Prendete una pirofila e ricopritela di spray antiaderente.
3. Prendi una ciotola per i tuoi albumi e inizia a sbatterli con la spezia Cajun. Unire le patate e mescolare il tutto in modo uniforme.
4. Adagiate le patate condite nella casseruola e stendetele uniformemente con lo spazio e cuocete poi in forno sul ripiano più basso per un tempo di circa 40 minuti.
5. Prova a girare le patate ogni 7-10 minuti.

9. Patatine Veneziane Venice

ingredienti
- 5 patate medie, lavate, tagliate a spicchi
- 1/2 tazza di condimento italiano leggero
- 3 cucchiai di olio d'oliva

Indicazioni
1.   Imposta il forno a 350 gradi prima di fare qualsiasi altra cosa.
2.   Metti le patate a spicchi in una ciotola e condiscile con il condimento italiano.
3.   Prendete una casseruola e ungetela abbondantemente con olio d'oliva, quindi mettete le vostre fette e fatele saltare nell'olio in modo uniforme.
4.   Cuocere il tutto in forno per circa 50-55 minuti. Controlla e gira le patate ogni 10 minuti.
5.

10. Un pranzo di quarta elementare

ingredienti
- 4 patate dolci, private della pelle, tagliate a listarelle
- olio di colza per friggere
- sale

Indicazioni
1. Fai scaldare l'olio in un forno olandese a circa 350 gradi.
2. Una volta che l'olio è caldo, mettete le patate in una ciotola e cospargetele con un po' di sale e saltate il tutto.
3. Iniziate a friggere le patate in lotti, quindi mettetele su un piatto foderato di carta assorbente per farle scolare. Friggere le patate per circa 3 minuti per lato o fino a renderle croccanti.

4.   Continuare per le restanti patatine. Lascia scolare tutto sul piatto di carta assorbente.
5.

11. Patatine Fritte Mediterranee

ingredienti
- 3 libbre di patate color ruggine, sbucciate e tagliate a fiammiferi spessi
- 1/4-1/2 tazza di olio extra vergine di oliva
- spray antiaderente
- sale
- 1 limone, per servire

Indicazioni
1. Imposta il forno a 400 gradi prima di fare qualsiasi altra cosa.
2. Prendi una ciotola e mettici dentro le patate. Ungete le patate con l'olio e mescolate il tutto per condirle uniformemente.
3. Prendete una casseruola e ungetela con uno spray antiaderente e poi con un filo d'olio d'oliva. Distanziare uniformemente le patate e cuocerle in forno per 55 minuti e girarle a metà.

4.   Una volta cotte le patate, spolverizzatele con un po' di sale a piacere. Quindi spremere il succo di limone su di loro in modo uniforme.

12. patatine fritte messicane

ingredienti
- 2 cucchiai di condimento per taco
- 1 buste da 26 once patatine fritte croccanti congelate

Indicazioni

1.   Metti le patate in una casseruola che è stata ricoperta di spray antiaderente. Metti le patate nella teglia e cuocile in forno a circa 425 gradi fino a quando non saranno dorate e saranno pronte per circa 22-25 minuti.

2.   Metti le patatine fritte in una ciotola e condiscile con il condimento per tacos in modo uniforme.

3.

13. Patatine fritte dal Belgio

ingredienti
- 2 libbre di patate, sbucciate, tagliate a fiammiferi
- 2 cucchiaini di erbe di Provenza
- sale
- olio per friggere
- maionese, come salsa per servire

Indicazioni

1. Porta l'olio caldo a 300 gradi F. Quindi, una volta che l'olio è caldo, inizia a friggere le patatine fritte in lotti per 7 minuti. Quindi scolateli con cura dall'olio e fateli scolare su un piatto rivestito di carta assorbente. Una volta che tutte le patatine sono state precotte, aumentare il calore dell'olio a 350 gradi F. Una volta che l'olio è caldo alla nuova temperatura.

2. Ricominciare a friggerli per altri 6 minuti.

3. Guarnire le patatine con un po' di sale e le erbe di Provenza. Mettere un po' di maionese da parte come salsa per le patatine fritte.
4.

14. Patatine Fritte

ingredienti
- 4 -6 patate, tagliate a spicchi
- spray da cucina
- sale e pepe

Indicazioni
1.   Imposta il forno a 350 gradi prima di fare qualsiasi altra cosa.
2.   Rivestire una casseruola con olio di soia spray antiaderente. Quindi metti i tuoi spicchi nel piatto. Spruzzare le patate con un altro po' di spray, quindi condire il tutto con un po' di pepe e un po' di sale. Mescolare le patate poi cuocere il tutto in forno per 32 minuti.
3.

15. Patatine fritte per luglio

ingredienti

- 2 albumi d'uovo
- 1/2 cucchiaino di peperoncino in polvere
- 3/4 cucchiaino di cumino macinato
- 1/4 cucchiaino di pepe nero
- 1/2 cucchiaino di sale da cucina
- 2 patate grandi, lavate, tagliate a fiammiferi spessi

Indicazioni

1. Rivestire una teglia con uno spray antiaderente, quindi impostare il forno a 425 gradi prima di fare qualsiasi altra cosa.

2. Prendi una ciotola, unisci: albumi, cumino, peperoncino in polvere, pepe, sale e patate. Mescolare tutto in modo uniforme. Quindi posizionare le patate nella teglia in modo uniforme. Cuocere il tutto in forno per 17 minuti. Quindi imposta il forno sulla griglia.

3. Non arrostire le patate, ma tienile in cottura per circa 5-9 minuti in più.

16. Patatine fritte al pepe bianco

ingredienti

- 4 patate grandi, lavate, tagliate a strisce
- 8 tazze di acqua ghiacciata
- 1 cucchiaino di aglio in polvere
- 1 cucchiaino di cipolla in polvere
- 1/4 di cucchiaino di sale Istruzioni
- 1 cucchiaino di pepe bianco
- 1/4 di cucchiaino di pimento
- 1 cucchiaino di fiocchi di peperoncino piccante
- 1 cucchiaio di olio vegetale

Indicazioni

1. Prendi una ciotola di acqua fredda con del ghiaccio e immergici le patate. Metti un coperchio di plastica sulla ciotola e lascia riposare le patate nell'acqua per 2 ore.
2. Scolare le patate dall'acqua e asciugarle tamponandole per circa 15-20 minuti.
3. Imposta il forno a 475 gradi prima di fare qualsiasi altra cosa.

4.   Prendi un sacchetto di plastica richiudibile e aggiungi le seguenti spezie, quindi mescolale insieme: scaglie di pepe, aglio e cipolla in polvere, pimento, sale e pepe bianco. Una volta che le spezie sono state mescolate uniformemente.

5.   Aggiungi le patate e mescola tutto. Ungete le patate con un po' d'olio, quindi mettete tutto in una casseruola che è stata ricoperta di spray antiaderente.

6.   Coprire la teglia con un foglio di alluminio e cuocere le patate per 17 minuti in forno. Eliminare la pellicola e continuare a cuocere i fuochi per altri 12-15 minuti o fino a quando non sono completamente cotti.

7.   Prova a girare le patatine almeno due volte durante il processo di cottura quando non c'è la stagnola sul piatto.

17. Patatine Sale & Aceto

ingredienti
- 1 1/4 libbre di patate al forno, lavate, sbucciate, tagliate a fettine sottili
- 3 tazze d'acqua
- sale
- 2 cucchiai di aceto bianco distillato, più 2 cucchiaini di aceto bianco distillato,
- 1 cucchiaio di olio di canola

Indicazioni
1. Prendi una ciotola e unisci i tuoi 2 cucchiai di aceto bianco e l'acqua. Mescolate il liquido e poi metteteci dentro le patate. Lascia riposare le patate sott'acqua per almeno 40/45 minuti.
2. Ora imposta il forno a 400 gradi prima di fare qualsiasi altra cosa.
3. Una volta che il forno sarà caldo scolate le patate e asciugatele.
4. Prendi una seconda ciotola per le patate dopo che sono state asciugate. Aggiungi l'olio di colza nella ciotola e mescola le patate per condirle uniformemente.
5. Prendi una casseruola o una teglia per gelatina e ricoprila con uno spray antiaderente. Stendete

uniformemente le patate sulla teglia e quando il forno sarà ben caldo iniziate a cuocerle per 22 minuti. Capovolgi le patate mescolando il tutto e continua a cuocerle per circa 7-11 minuti in più o finché non trovi che sono completamente cotte.

6.   Togliete le patatine dal forno e fatele raffreddare leggermente poi mescolate le patatine con altri due cucchiaini di aceto e abbondantemente con un po' di sale secondo i vostri gusti.

7.

18. Patatine Fritte con 3 Ingredienti

ingredienti
- 2 patate color ruggine, tagliate a patatine fritte
- 2 cucchiai di olio d'oliva
- 2 cucchiai di condimento senza sodio approssimativo

Indicazioni
1. Imposta il forno a 350 gradi prima di fare qualsiasi altra cosa.
2. Mettere le patatine in una ciotola e condirle con l'olio d'oliva. Una volta che le patate sono state ricoperte uniformemente, adagiatele uniformemente su una teglia da gelatina. Rivestire la padella con uno spray antiaderente. Completate i vostri fuochi con i 2 cucchiai di condimento e mescolateli bene.
3. Cuocere le patatine in forno per circa 35-45 minuti. Girali dopo circa 25-30 minuti.
4.

19. Classici a 4 ingredienti

ingredienti

- 2 patate grandi, sbucciate, tagliate a fiammiferi
- 1/4 di cucchiaino di sale
- Olio per friggere
- 1/4 tazza di burro fuso

Indicazioni

1. Prendi una ciotola d'acqua con ghiaccio. Metti le patate tagliate nella ciotola e lasciale riposare per 60-80 minuti.

2. Scolare tutto il liquido in eccesso e iniziare a scaldare l'olio a 325 gradi. Lavorando in serie friggi le patate per 7 minuti. Mettere le patate su un piatto di carta assorbente per drenare. Quando le patate si saranno un po' asciugate, conditele con il sale in modo uniforme, poi il burro e mantecate il tutto.

20. Parmigiano Cipolle e Patatine

ingredienti
- 3 patate medie, tagliate a fettine sottili
- 2 tazze di spicchi finemente tritati
- cipolle fritte,
- 3 cucchiai di burro
- 1/2 tazza di parmigiano, grattugiato
- olio vegetale
- 1 C. ketchup, facoltativo
- 1 -2 cucchiaio di salsa piccante, a temperatura
ambiente

Indicazioni
1. Imposta il forno a 400 gradi prima di fare qualsiasi altra cosa.
2. Prendi una ciotola, metti la salsa piccante, il burro e le patatine fritte nella ciotola e mescolali in modo uniforme.

3.   Prendi una seconda ciotola, unisci il formaggio e le cipolle fritte e lavora il composto in modo uniforme.

4.   Ricoprire le patate con il mix di cipolle in modo uniforme premendo gli spicchi nel composto, quindi mettere tutto in una casseruola che è stata ricoperta di spray antiaderente.

5.   Cuocete il tutto in forno per 24 minuti poi una volta pronte le patate tiratele fuori dal forno a raffreddare.

6.   Prendi una piccola ciotola e unisci il tuo ketchup e 2 cucchiai di caldo e mescola tutto insieme.

7.   Condisci le tue patatine con la salsa ketchup e mescolale in modo uniforme.

8.

21. Tagli stropicciati

ingredienti
- 5 tazze di patatine fritte congelate tagliate increspate
- 1 cucchiaino di sale alla cipolla
- 1/4 cucchiaino di paprika
- 1/3 tazza di parmigiano grattugiato

Indicazioni
1. Imposta il forno a 450 gradi prima di fare qualsiasi altra cosa.
2. Prendete una pirofila e ricopritela di spray antiaderente. Metti le patatine nel piatto e condisci con la paprika e il sale alla cipolla.
3. Mescolare il tutto in modo uniforme per ricoprire bene le patatine.
4. Cuocere le patatine in forno per circa 17 minuti a 22 minuti o fino a cottura completa. Una volta che le patatine saranno pronte guarnitele con il parmigiano.

22. Patatine fritte Yukon ateniesi

ingredienti
- 4 patate Yukon Gold, fiammiferi a fette
- 2-3 tazze di olio extra vergine di oliva
- sale
- origano
- Parmigiano-Reggiano grattugiato o pecorino romano
- 1/8-1/4 di succo di limone fluido di oncia

Indicazioni
1.   Metti il tuo olio d'oliva caldo in una padella. Lavorando in serie iniziate a friggere le vostre patate nell'olio finché non saranno dorate. Adagiateli su un piatto foderato di carta assorbente per farli scolare.
2.   Una volta che tutte le patate sono state fritte e scolate, conditele con origano, pepe e sale. Mescolare il tutto in modo uniforme, quindi guarnire le patatine con il formaggio che preferisci.

3.	Mescolare di nuovo le patatine, quindi condire il tutto con il succo di limone e mescolare un'ultima volta prima di servire.

23. Fry'Em due volte patatine fritte

ingredienti
- acqua circa 4 litri d'acqua
- 1/4 tazza di zucchero bianco
- 6 grandi patate rosse tagliate a strisce da 1/4 a 1/3 di pollice
- olio di colza o usare olio vegetale, usare abbastanza olio per coprire completamente le patate
- sale aromatizzato

Indicazioni
1. Prendi una ciotola, unisci l'acqua e lo zucchero. Metti le patate nell'acqua e lasciale riposare in frigorifero per 7 ore. Togliete le patatine dal frigo e asciugatele.
2. Ora inizia a scaldare il tuo olio a 375 gradi in un forno olandese, quindi una volta che l'olio è caldo friggi le patate in set. Lascia cuocere le patatine per circa 7-9 minuti, quindi rimuovi le patatine dall'olio e inizia con il set successivo.
3. Continua a friggere le patate in serie fino a quando tutto è stato cotto nell'olio. Adagiate le patate su un piatto

foderato di carta assorbente poi tutto il sale sulle patate appena tolte dall'olio nel piatto.

24. Patatine fritte della Georgia Backroad

ingredienti

- 1 1/2 tazze di farina per tutti gli usi
- 1 uovo
- 1 1/2 cucchiaini di paprika
- 1/3 di tazza di latte
- 1 cucchiaino di sale
- 6 patate, tagliate a spicchi
- 1/2 cucchiaino di pepe nero macinato
- 1/4 tazza di olio vegetale
- 1/2 cucchiaino di peperoncino in polvere
- 1/4 di cucchiaino di pepe di Caienna

Indicazioni

1.   Metti il tuo olio d'oliva caldo in una padella. Lavorando in serie iniziate a friggere le vostre patate nell'olio finché non saranno dorate. Adagiateli su un piatto foderato di carta assorbente per farli scolare.

2.	Una volta che tutte le patate sono state fritte e scolate, conditele con origano, pepe e sale. Mescolare il tutto in modo uniforme, quindi guarnire le patatine con il formaggio che preferisci.

3.	Mescolare di nuovo le patatine, quindi condire il tutto con il succo di limone e mescolare un'ultima volta prima di servire.

25. Patatine fritte in stile New Jersey Diner

ingredienti
- 1 patata grande da forno, tagliata a spicchi
- 1 cucchiaio di olio d'oliva
- 1/2 cucchiaino di paprika
- 1/2 cucchiaino di condimento italiano
- 1/2 cucchiaino di aglio in polvere
- 1/2 cucchiaino di peperoncino in polvere
- 1/2 cucchiaino di cipolla in polvere

Indicazioni
1. Imposta il forno a 450 gradi prima di fare qualsiasi altra cosa.

2.   Prendi una ciotola per le tue patate e unisci con loro: cipolla in polvere, olio d'oliva, peperoncino in polvere, aglio in polvere, spezie italiane e paprika.

3.   Adagiamo i nostri spicchi su una teglia che è stata ricoperta di spray antiaderente, quindi cuociamo il tutto in forno per 40-46 minuti.

4.

26. Patatine fritte al forno per la cena

ingredienti

- 1 cucchiaio di olio vegetale
- 1 1/2 libbre di carne macinata magra
- 1/2 cipolla, a dadini 1/2 peperone verde a dadini
- sale e pepe nero a piacere
- 1 lattina da 10,75 once crema condensata di zuppa di funghi mushroom
- 3/4 di tazza di salsa di formaggio fuso come Cheez Whiz
- Patatine fritte surgelate da 1/2 28 once

Indicazioni

1. Ungi una casseruola con olio, quindi imposta il forno a 400 gradi prima di fare qualsiasi altra cosa.

2. Man mano che il forno si scalda iniziate a friggere la carne macinata nell'olio, quindi unitevi il peperone verde e la cipolla. Soffriggere la carne per 14 minuti finché non è completamente cotta. Aggiungere un po' di pepe e sale quindi unire nella zuppa. Mescolate il tutto, quindi fate sobbollire il composto. Quando il tutto bolle dolcemente, abbassate il fuoco.

3. Metti il formaggio nel microonde per circa 45 secondi in modo che si sciolga, quindi adagia la carne nella casseruola. Ricoprire la carne con il formaggio, quindi disporre le patatine su tutto.

4. Cuocere il piatto in forno per 20 minuti o fino a quando tutte le patatine sono finite.

27. Patatine fritte per sempre

ingredienti

* 4 grandi patate color ruggine, sbucciate e tagliate
* 1 cucchiaino di aglio in polvere
* in patatine spesse 1/4 di pollice
* 1 cucchiaino di pepe di Caienna
* 1/4 tazza di olio vegetale
* 1 cucchiaino di zucchero bianco
* 1/4 tazza di cocktail di succo di pomodoro e verdura
* 1 cucchiaio di sale
* cucchiaio di peperoncino in polvere
* 1 cucchiaino di cumino macinato
* cucchiaini di granuli di cipolla essiccata

Indicazioni
1.   Rivestire una teglia di gelatina con olio, quindi impostare il forno a 375 gradi prima di fare qualsiasi altra cosa.

2.   Prendi una ciotola, unisci: patate e acqua fredda. Lasciarli riposare immersi per 20 minuti.

3.   Prendi una seconda ciotola, unisci: sale, olio, zucchero, succo di pomodoro, pepe di Caienna, peperoncino in polvere, aglio in polvere, cipolla e cumino.

4.   Togli le patate dall'acqua, asciugale con degli asciugamani, quindi mettile nella miscela di polvere e olio. Mescolare il tutto per condire uniformemente le patate con il mix di spezie, quindi mettere tutto nella teglia per la gelatina.

5.   Cuocete le patatine in forno per 25 minuti poi girate le patate e proseguite la cottura per altri 15 minuti circa.

28. Patatine Portoghesi Semplici

ingredienti

- 1 litro di olio per friggere
- 3 patate grandi, tagliate a julienne
- 3 tazze di coriandolo fresco tritato
- Sale e pepe a piacere

Indicazioni

1. Porta l'olio a una temperatura di circa 350 gradi in un forno olandese.
2. Lavorando a lotti cuocere circa un terzo delle patate nell'olio per circa 6 minuti. Quindi aggiungere il coriandolo e continuare la cottura per altri 60 secondi. Adagiate le patate da parte su dei piatti foderati di carta assorbente.
3. Continuare a friggere le patate in lotti in questo modo e scolarle. Dopo che tutte le patate sono state fritte e scolatele conditele con un po' di pepe e sale.
4.

29. Patatine Fritte Olio Tartufo e Prezzemolo

ingredienti

- spray da cucina
- 1 libbra di patate, tagliate a strisce
- sale e pepe nero macinato a piacere
- 1 cucchiaio di olio al tartufo bianco, o a piacere
- 2 cucchiaini di prezzemolo fresco tritato, o più a piacere

Indicazioni

1.   Rivestire una teglia con uno spray antiaderente, quindi impostare il forno a 350 gradi prima di fare qualsiasi altra cosa.

2.   Disporre le patate sulla teglia per gelatina e ricoprirle con un po' di spray antiaderente. Mescolare le patate quindi

condirle con un po' di pepe e sale e mescolare di nuovo il tutto.

3.   Cuocete le patate in forno per 35 minuti, poi lasciate che perdano il loro calore. Mettere il tutto in una ciotola e condire uniformemente le patate con altro sale, prezzemolo e olio al tartufo. Mescolare le patate per ricoprirle uniformemente di olio e spezie.

4.

30. Cuocere le Patatine Fritte

ingredienti

- spray da cucina
- 2 patate grandi, tagliate a fette da 1/4 di pollice
- 2 cucchiai di olio vegetale
- 1/4 tazza di parmigiano grattugiato
- 1 cucchiaio di aglio in polvere
- 1 cucchiaio di basilico fresco tritato
- 1 cucchiaio di sale
- 1 cucchiaio di pepe nero macinato grossolanamente

1. Imposta il forno a 375 gradi prima di fare qualsiasi altra cosa.

2. Prendete una pirofila e copritela con la pellicola. Rivestire la pellicola con uno spray antiaderente, quindi posizionare le patate in una ciotola.

3. Coprire le patate con olio vegetale e condirle, quindi unire il pepe nero, il parmigiano, il sale, il basilico e l'aglio in

polvere. Mescolare di nuovo il tutto per ricoprire uniformemente le patate, quindi adagiarle uniformemente nella casseruola.

4.   Cuocere il tutto in forno per 31-36 minuti o finché le patatine non saranno dorate.

5.

31. Patatine fritte alla creola della Louisiana

ingredienti
- 1/4 tazza di olio d'oliva6 grandi patate da forno, tagliate a spicchi sottili
- 1 cucchiaino di aglio in polvere
- 1 cucchiaino di cipolla in polvere
- 1 cucchiaino di peperoncino in polvere
- 1 cucchiaino di condimento Cajun/creolo
- 1 cucchiaino di sale marino

Indicazioni
1. Imposta il forno a 400 gradi prima di fare qualsiasi altra cosa.
2. Prendi una ciotola, unisci: sale marino, olio d'oliva, spezie cajun/creole, aglio in polvere, peperoncino in polvere e cipolla in polvere. Mescolare le spezie in modo uniforme, quindi unire le patate.

3.   Mescolare il tutto in modo uniforme, quindi disporre il tutto in una casseruola distanziati uniformemente.

4.   Cuocere le patatine in forno per circa 30-37 minuti, quindi girare le patate e continuare a cuocere per altri 8 minuti.

32. Patatine fritte facili in stile azteco

ingredienti
- 2 libbre di yucca, sbucciate e tagliate in sezioni da 4 pollici inch
- 2 litri di olio vegetale per friggere sale qb

Indicazioni
1. Fai bollire la tua yucca in una casseruola. Quando il composto bolle mettete un coperchio sulla pentola, abbassate il fuoco e fate bollire dolcemente per 25 minuti. Rimuovere il liquido, quindi tagliare la yucca a fiammiferi quando si sono raffreddati abbastanza da poter essere maneggiati facilmente.
2. Ricorda di scartare il centro interno duro delle yucca.

3.	Inizia a scaldare l'olio a circa 350-370 gradi, quindi una volta che l'olio è caldo, friggi da 1/3 a 1/4 delle patatine fritte per circa 6-7 minuti per set.

4.	Adagiate le vostre patate fritte di yucca a scolare e una volta che tutto sarà freddo conditele con il sale.

5.

33. Patatine al cumino al curry indiano

ingredienti
- 1 patata color ruggine, tagliata a strisce della stessa grandezza
- 1 litro di olio vegetale per friggere
- 1/4 cucchiaino di curry in polvere
- 1/4 cucchiaino di sale di cumino a piacere

Indicazioni
1. Lascia la patata immersa nell'acqua per 45 minuti. Quindi scolateli e asciugateli uniformemente.
2. Riscalda l'olio in un forno olandese a circa 270-275 gradi, quindi friggi le patate per 6 minuti nell'olio caldo per 2 minuti, quindi gira le patatine e friggile per circa 2 o 3 minuti. Mettere le patatine su un piatto rivestito di carta assorbente per scolare e continuare a friggere tutto in lotti.
3. Una volta che tutte le patatine sono state cotte aumentare la temperatura dell'olio a 350 gradi e lavorando in ripetute friggere le patate per 4 o 5 minuti, quindi metterle nuovamente da parte per scolare.

4.   Metti tutte le patatine in una ciotola, quindi condisci con cumino, curry e sale e mescola tutto completamente e in modo uniforme.

34. Patatine Al Cartamo

ingredienti

- spray da cucina
- 6 patate Yukon Gold, tagliate a fette spesse
- 1 cucchiaio di zucchero bianco
- 1/4 tazza di olio di cartamo
- 1 cucchiaino di dragoncello Istruzioni
- 1 cucchiaino di aglio in polvere o più a piacere
- 1 cucchiaino di sale, o più a piacere
- 1 cucchiaino di pepe nero macinato, o più a piacere

Indicazioni

1. Coprire una casseruola con un foglio di alluminio, ricoprire il foglio con uno spray antiaderente, quindi impostare il forno a 425 gradi prima di fare qualsiasi altra cosa.

2. Procurati uno scolapasta per le patate e cospargile con lo zucchero in modo uniforme e mescola. Lascia riposare le patate per 40 minuti a scolare.

3. Prendi una ciotola, unisci: pepe nero, dragoncello, patate, olio di cartamo, sale e aglio in polvere.

4.   Saltare le patate in modo uniforme nell'olio, quindi adagiarle nella casseruola in modo uniforme.
5.   Fate cuocere il tutto in forno per 25 minuti poi accendete i fuochi e proseguite la cottura per circa 15 minuti.

35. Patatine fritte al coriandolo

ingredienti

- 2 patate dolci, tagliate a patatine fritte
- cucchiaio di olio d'oliva
- 1/4 tazza di parmigiano
- cucchiai di coriandolo fresco tritato
- 1 cucchiaio di basilico fresco, tritato
- sale marino e pepe nero macinato a piacere

Indicazioni

1.   Imposta il forno a 425 gradi prima di fare qualsiasi altra cosa.

2.   Prendi una ciotola, unisci: olio d'oliva e patate dolci. Mescolate bene il tutto quindi disponete le patate in una casseruola.

3.   Cuocete le patatine in forno per 14 minuti poi giratele e proseguite la cottura per altri 10 minuti circa.

4.   Mettere tutto in una ciotola da portata e guarnire le patatine, mentre sono ancora calde, con il parmigiano, il basilico e il coriandolo. Mescolate il tutto poi aggiungete il sale, mescolate ancora e poi aggiungete il pepe.

Patatine Senape Pepe Lime

ingredienti
- 4 patate color ruggine, sbucciate e tagliate a patatine spesse 1/4 di pollice
- 1/4 di cucchiaino di pepe di Caienna
- 1 cucchiaino di peperoncino in polvere
- 3 cucchiai di olio d'oliva
- 2 cucchiai di senape bruna piccante
- 2 cucchiai di succo di lime
- 1/2 cucchiaino di pepe nero macinato
- 2 spicchi d'aglio, tritati
- 1 cucchiaino di sale
- 1/2 cucchiaino di fiocchi di peperoncino rosso

Indicazioni
1. Imposta il forno a 400 gradi prima di fare qualsiasi altra cosa.
2. Prendi una ciotola, unisci: pepe, olio d'oliva, senape, succo di lime, peperoncino in polvere e aglio, pepe di Caienna

e scaglie di pepe. Mescolare le spezie quindi aggiungere le patate e mescolare bene.

3. Mettere le patatine in una teglia per gelatina leggermente unta o ricoperta di spray antiaderente e cuocere il tutto in forno per 18 minuti. Girare le patate e continuare la cottura per altri 14 minuti o finché le patate non sono completamente cotte.

4.

37. Patatine Fritte Al Limone

ingredienti

- Patatine fritte surgelate da 32 once
- 1/2 cucchiai di pepe al limone
- 2 cucchiai di condimento per peperoni rossi essiccati
- 1 cucchiaio di aglio in polvere
- pepe nero a piacere
- 2 pizzichi di peperoncino in polvere
- 1/4 tazza di burro

Indicazioni

1. Imposta il forno a 425 gradi prima di fare qualsiasi altra cosa.
2. Rivestire una teglia con uno spray antiaderente, quindi posizionare le patate nella teglia. Guarnire le patate con: peperoncino in polvere, pepe al limone, aglio in polvere, peperoncino. Mescolare il tutto e poi cospargere uniformemente le patatine con il burro.
3. Cuocere il tutto in forno per 17 minuti girando le patate a metà. Se le patatine non sono cotte cuocetele per altri 7 minuti circa.
4.

38. patatine fritte

ingredienti
- 8 patate, sbucciate e tagliate a patatine spesse $\frac{1}{4}$ di pollice
- 1/4 tazza di zucchero bianco
- 2 cucchiai di sciroppo di mais
- 1 litro di olio di colza, o secondo necessità
- acqua bollente

Indicazioni
1. Prendete una ciotola, per le vostre patate e lasciatele riposare immerse nell'acqua per 15 minuti poi togliete il liquido e asciugate le patate.
2. Ora immergete le patate in acqua bollente quanto basta, quindi aggiungete lo sciroppo di mais e lo zucchero e mescolate il tutto. Fallo in una ciotola di metallo. Mettere tutto in frigo per 10 minuti. Eliminate il liquido e asciugate le patate con della carta assorbente.

3.   Prendete una casseruola o una pirofila e adagiatevi le patatine sulla teglia, mettete un coperchio di plastica sul piatto e mettete il tutto in freezer per 45 minuti.

4.   Ora riscalda l'olio per friggere a circa 350-360 gradi e una volta che l'olio è caldo inizia a friggere 1,3 delle patatine nell'olio per 3 minuti. Mettere le patatine su un piatto con della carta assorbente per scolare e lasciarle per circa 10 minuti. Continua a lavorare in lotti fino a quando tutte le patatine sono pronte.

5.   Ora friggere le patatine una seconda volta 1/3 alla volta per 6 minuti ogni volta, quindi condire le patatine con un po' di sale.

6.

39. Patatine con Tourtiere

ingredienti
- 2 1/2 libbre di patate color ruggine, sbucciate, tagliate a fiammiferi, ammollate in acqua fredda 1/2 tazza d'acqua, o secondo necessità
- 1 cucchiaino di paprika
- 1 tazza di farina per tutti gli usi
- 1 tazza di olio vegetale per friggere
- 1 cucchiaino di sale all'aglio
- 1 cucchiaino di sale alla cipolla
- 1 cucchiaino di mix di spezie Tourtiere
- 1 cucchiaino di sale

Indicazioni
1. Fai scaldare l'olio in una padella.
2. Quando l'olio si scalda iniziate a setacciare le seguenti spezie in una ciotola: paprika, tourtiere, farina, sale, sale all'aglio e sale alla cipolla. Aggiungi una piccola quantità di acqua per fare in modo che la miscela di spezie si mescoli leggermente a batteria quanto basta in modo che goccioli dagli utensili.

3. Rivestire le patatine in modo uniforme con la pastella con cura, quindi immergerle con cura nell'olio caldo.

4. Assicurati di adagiare ogni frittura nell'olio separatamente in modo da evitare che si attacchino tra loro.

5. Fate cuocere i fritti fino a quando non saranno dorati.

40. Patatine fritte della Fiera di Stato

ingredienti
- Confezione da 32 once di patatine fritte condite surgelate
- cucchiai di amido di mais
- 2 cucchiai di acqua
- 2 tazze di latte scremato
- 1 cucchiaio di margarina
- 8 fette di formaggio americano, tagliato a pezzi
- 1 lattina da 15 once di peperoncino senza fagioli come Hormel o peperoncino vegetariano per senza carne meat

ndicazioni
1. Cuocete le vostre patatine in forno per circa 25 minuti finché non saranno dorate a 350 gradi.
2. Prendi una piccola ciotola e unisci uniformemente l'acqua e l'amido di mais.
3. Prendi una casseruola con la margarina e il latte che bolle mentre sbatti, quindi abbassa il fuoco e aggiungi il mix di amido di mais nel mix di latte. Impostare il fuoco a un

livello medio e continuare a scaldare il composto finché non diventa denso mescolando.

4.   Unire le fette di formaggio e mescolare fino a quando tutto si sarà sciolto. Quindi scaldare il peperoncino in una pentola a parte.

5.   Una volta che il latte è pronto e anche il peperoncino, condisci le patatine con il peperoncino e il formaggio e servi.

6.

41. Patatine fritte rustiche al mulino a vento

ingredienti

- 4 patate Yukon Gold medie, spicchi
- 1 cucchiaio di burro
- cucchiaio di olio d'oliva, o più a piacere
- spicchi d'aglio, tritati
- 1/2 cucchiaino di sale marino fino
- 1 cucchiaino di pepe nero macinato

Indicazioni

1.	Imposta il forno a 400 gradi prima di fare qualsiasi altra cosa.
2.	Metti l'aglio, l'olio d'oliva e il burro a scaldare in una pentola, quindi unisci il sale e il pepe. Mescolare tutto in modo uniforme, quindi ricoprire uniformemente gli spicchi con la salsa all'aglio.
3.	Mettere il tutto in una casseruola ben dispersa e cuocere per 40 minuti le patatine in forno.

42. Patatine Fritte

ingredienti

- olio d'oliva spray da cucina 4 patate ruggine
- 1 cucchiaio di olio d'oliva
- 1 cucchiaio di rosmarino fresco tritato
- 1 1/2 cucchiaini di foglie di timo essiccate
- 1 cucchiaino di aglio in polvere
- 1/2 cucchiaino di foglie di origano essiccato
- 1/2 cucchiaino di prezzemolo essiccato
- 1/2 cucchiaino di salvia macinata
- 1/2 cucchiaino di pepe nero macinato
- 1/4 di cucchiaino di sale

Indicazioni

1.   Rivestire una casseruola o una teglia per gelatina con uno spray antiaderente, quindi impostare il forno a 425 gradi prima di fare qualsiasi altra cosa.

2.   Prendi una ciotola per le tue patate e metti un asciugamano sopra la ciotola o della pellicola trasparente e cuoci tutto nel microonde per 5 minuti con un alto livello di

calore. Lascia che le patate perdano il loro calore e poi tagliale a spicchi.

3.   Prendi una seconda ciotola per le patate tagliate e ungile con l'olio d'oliva e saltale. Disporre le patate sulla teglia o su una casseruola e cuocerle in forno per 12 minuti, quindi ricoprirle di uno spray antiaderente e cuocerle per altri 14 minuti.

4.   Prendi un piattino e unisci: sale, rosmarino, pepe, timo, salvia, prezzemolo, aglio in polvere e origano.

5.   Guarnite le patate con il mix di spezie mentre sono ancora calde e mescolatele.

43. Spicchi al curry

ingredienti

- 6 patate, tagliate a spicchi
- 2 cucchiai di olio vegetale
- 2 cucchiai di parmigiano grattugiato
- 2 cucchiaini di curry in polvere
- 1 cucchiaino di paprika
- 1 cucchiaino di sale
- 1/2 cucchiaino di aglio in polvere

Indicazioni

1. Imposta il forno a 400 gradi prima di fare qualsiasi altra cosa.
2. Rivestire una teglia di gelatina con spray antiaderente.
3. Prendi una ciotola, unisci: aglio in polvere, olio vegetale, sale, parmigiano, paprika e curry. Mescolare tutto in modo uniforme per ricoprire le patate a strati nella padella.
4. Cuocete gli spicchi in forno per circa 14 minuti poi girateli e proseguite la cottura per altri 10 minuti.

5.

44. Patatine fritte a colazione

ingredienti
- cucchiaino di burro, o a piacere
- 1/4 tazza di patatine fritte surgelate o a piacere
- uova sbattute
- 1 pizzico di sale e pepe nero macinato a piacere

Indicazioni
1. Fate scaldare il burro e fatelo sciogliere in una padella di ghisa. Poi una volta che il burro è caldo aggiungete le patatine e fatele cuocere per circa 6 minuti.
2. Unire il sale e le uova, quindi il pepe e continuare a mescolare il tutto per altri 4-6 minuti circa.
3.

45. Patatine fritte dalla Giamaica

ingredienti
- 2 1/2 libbre di patate color ruggine, sbucciate, tagliate a fiammiferi, ammollate in acqua fredda
- 1 cucchiaino di paprika
- 1 cucchiaino di sale
- 1 tazza di farina per tutti gli usi
- 1/2 tazza d'acqua, o secondo necessità
- 1 cucchiaino di sale all'aglio
- 1 tazza di olio vegetale per friggere
- 1 cucchiaino di sale alla cipolla
- 1 cucchiaino di mix di spezie al curry giamaicano

Indicazioni
1. Fai scaldare l'olio in una padella.
2. Mentre l'olio si scalda, inizia a setacciare le seguenti spezie in una ciotola: paprika, mix di spezie al curry giamaicano, farina, sale, sale all'aglio e sale alla cipolla. Aggiungi una piccola quantità di acqua per fare in modo che la miscela di spezie si mescoli leggermente a batteria quanto basta in modo che goccioli dagli utensili.

3. Rivestire le patatine in modo uniforme con la pastella con cura, quindi immergerle con cura nell'olio caldo.
4. Assicurati di adagiare ogni frittura nell'olio separatamente in modo da evitare che si attacchino tra loro.
5. Fate cuocere i fritti fino a quando non saranno dorati.

46. Erbe francesi di Provenza

ingredienti
- 2 cucchiai di rosmarino essiccato
- cucchiaio di semi di finocchio
- cucchiai di santoreggia essiccata
- 2 cucchiai di timo essiccato
- 2 cucchiai di basilico essiccato 2 cucchiai di maggiorana essiccata
- 2 cucchiai di fiori di lavanda essiccati
- 2 cucchiai di prezzemolo italiano essiccato
- 1 cucchiaio di origano secco
- 1 cucchiaio di dragoncello essiccato
- 1 cucchiaino di polvere di alloro

Indicazioni
1. Con un mortaio e un pestello macinate i semi di finocchio e il rosmarino. Quindi unire in una ciotola la polvere di alloro, santoreggia, finocchio, timo, rosmarino, basilico, prezzemolo, maggiorana, origano, lavanda e dragoncello.

2.   Quindi trasferire in un contenitore appropriato per la conservazione.

3.

47. Condimento francese Tourtiere French

ingredienti
- 1 cucchiaino di sale di sedano 1/4 cucchiaino di senape in polvere
- 1/2 cucchiaino di pepe nero macinato
- 1/2 cucchiaino di santoreggia tritato
- 1/2 cucchiaino di chiodi di garofano macinati
- 1/2 cucchiaino di cannella in polvere
- 1/2 cucchiaino di timo macinato
- 1/4 di cucchiaino di salvia macinata

Indicazioni
1. Prendi una ciotola e setaccia o mescola uniformemente: senape in polvere, sale di sedano, salvia, pepe, timo, santoreggia, cannella e chiodi di garofano.
2. Prendi il tuo contenitore ermetico e conserva la miscela secca per un uso continuato.

3.

48. Caraibi (curry giamaicano)

ingredienti
- 1/4 C. semi di coriandolo interi
- 5 cucchiai di curcuma in polvere
- 2 cucchiai di semi di cumino interi
- 2 cucchiai di semi di senape interi
- 2 cucchiai di semi di anice interi
- 1 cucchiaio di semi interi di fieno greco
- 1 cucchiaio di bacche di pimento intere

Indicazioni
1. Unisci i semi di coriandolo, i semi di cumino, i semi di senape, i semi di anice, i semi di fieno greco e le bacche di pimento in una padella.
2. Tostare a fuoco medio finché il colore delle spezie non si scurisce leggermente e le spezie sono molto profumate, circa 10 minuti. Rimuovere le spezie dalla padella e lasciarle raffreddare a temperatura ambiente. Macinare le spezie con la curcuma in un macinino per spezie. Conservare in un contenitore ermetico a temperatura ambiente.

3.   Fate una frittura calda senza olio, tostate per 11 minuti: bacche di pimento, semi di coriandolo, semi di fieno greco, semi di cumino, semi di anice e semi di senape.

4.   Procurati un mortaio con pestello o il tuo macinino preferito e macina anche tutte le spezie tostate con la curcuma.

5.   Inserisci tutto nei tuoi contenitori di stoccaggio.

6.

49. Mix di spezie cajun

ingredienti
- 2 cucchiaini di sale
- 2 cucchiaini di aglio in polvere
- 2 1/2 cucchiaini di paprika
- 1 cucchiaino di pepe nero macinato
- 1 cucchiaino di cipolla in polvere
- 1 cucchiaino di pepe di Cayenna 1 1/4 di cucchiaino di origano secco Istruzioni
- 1 1/4 di cucchiaino di timo essiccato
- 1/2 cucchiaino di fiocchi di peperoncino rosso (facoltativo)

Indicazioni

1.   Prendi una ciotola, mescola o setaccia uniformemente: fiocchi di peperoncino, sale, timo, aglio in polvere, origano, paprika, pepe di Caienna, polvere di cipolla e pepe nero.
2.   Procurati un buon contenitore ermetico e conserva il mix.

TACO VEGANI

50. Tacos croccanti di ceci

- 6 tortillas di mais o farina
- Una lattina da 15 once di ceci, sciacquati e scolati
- 1/2 cucchiaino di peperoncino ancho in polvere
- 3 tazze di cavolo verde tritato
- 1 tazza di carota tritata
- 1/2 tazza di cipolla rossa affettata sottilmente
- 1/2 tazza di peperone poblano privato dei semi e a dadini piccoli
- 1/2 tazza di cipolla verde affettata
- 1/4 tazza di coriandolo fresco tritato
- 1/4 tazza di maionese di tofu e anacardi (pagina 139)
- 2 cucchiai di succo di lime 1/4 di cucchiaino di sale marino

- 1 avocado, snocciolato e affettato
- 1 cucchiaio di Sriracha (opzionale)

1. Preriscaldare il forno a 375°F.

2. Formare le tortillas mettendole in una ciotola antiaderente e cuocendole in forno finché non diventano croccanti, 5-10 minuti.

3. In una grande ciotola, schiacciare i ceci con una forchetta e cospargere con il peperoncino in polvere. Aggiungere il cavolo cappuccio, la carota, la cipolla rossa, il pepe poblano, la cipolla verde, il coriandolo, la maionese e il succo di lime. Mescolare accuratamente, aggiungendo per ultimo il sale.

4. Dividi la miscela di insalata tra le ciotole di taco e guarnisci con l'avocado a fette. Aggiungi Sriracha se ti piacciono i tacos piccanti.

51. Tacos di lenticchie, cavolo riccio e quinoa

INGREDIENTI

Riempimento

- 3 tazze di quinoa, cotta (1 tazza secca)
- 1 tazza di lenticchie, cotte ($\frac{1}{2}$ tazza secche)
- Un lotto di condimento per tacos (pagina 202 o acquistato in negozio)
- 1 cucchiaio di olio di cocco*

- 2 – 3 foglie grandi di cavolo riccio, privato dei gambi, tritato

Gusci di taco di mais blu non OGM

condimenti

- 1-2 avocado, snocciolati, sbucciati e affettati
- Foglie di coriandolo fresco Spicchi di lime fresco

passi

a) In una pentola capiente a fuoco medio, unisci quinoa cotta, lenticchie, condimento per tacos, olio di cocco e cavolo riccio. Mescolare bene per 3-5 minuti fino a quando il calore appassisce le foglie.

b) Tostare i tacos su una teglia rivestita di pergamena secondo le istruzioni del produttore.

c) Caricare i gusci con il ripieno, quindi guarnire con avocado, coriandolo e una spruzzata di lime. Servire caldo.

52.   Tacos di frutta fresca

INGREDIENTI

- Tortillas integrali (piccole)
- acqua
- cannella in polvere
- zucchero
- Yogurt greco (aroma di vaniglia)

- La tua scelta di frutta fresca (a dadini):
- Fragole

- Mango
- Ananas
- Kiwi
- O qualsiasi altro frutto preferito lo farà

INDICAZIONI

a) 1. Preriscaldare il forno a 325 ° F (i forni tostapane funzionano meglio.)
b) Usando un tagliabiscotti rotondo di plastica, ritaglia dei piccoli cerchi dalle tortillas integrali (circa 2 per tortilla piccola). Adagiate queste tortillas su una teglia da forno. Mettere l'acqua in una piccola ciotola; ricoprire leggermente il lato superiore delle tortillas con acqua, usando un pennello da imbastitura. Mescolare una piccola quantità di cannella in polvere e zucchero in una ciotola; spolverare le tortillas umide con la miscela di cannella e zucchero.
c) Usando le pinze, adagiare singolarmente ogni tortilla sulla griglia del tostapane (lato cannella/zucchero rivolto verso il basso), lasciando che

d) i lati della tortilla cadano tra due barre di metallo sulla griglia (questo conferirà alle tortillas una forma curva, "taco"). Cuocere ca. 5-7 minuti, controllando periodicamente le tortillas (il tempo varia a seconda del livello di umidità di ciascuna tortilla). Usando le pinze, sollevare le tortillas dalla griglia e trasferirle su una griglia a raffreddare; le tortillas dovrebbero rimanere in questa posizione capovolta per raffreddarsi, che è il passaggio finale per formare la forma del taco.

e) Trasferisci i tacos raffreddati in un piatto e metti una cucchiaiata di yogurt greco alla vaniglia nel guscio di tortilla; aiutatevi con un cucchiaio per lisciare e ricoprire il fondo e i lati del guscio.

f) Metti il tuo frutto preferito nel guscio e divertiti!

53. Tacos di funghi con Chipotle

PER 4

- 1 cipolla rossa media, affettata sottilmente
- grandi funghi portobello, tagliati a cubetti da 1/2 pollice
- 6 spicchi d'aglio, tritati
- Sale marino qb
- 12 tortillas di mais da 6 pollici
- 1 tazza di salsa di panna al chipotle (pagina 76)
- 2 tazze di lattuga romana sminuzzata
- 1/2 tazza di coriandolo fresco tritato

a) Scaldare una padella grande a fuoco medio-alto. Aggiungere la cipolla rossa e i funghi portobello e saltare in padella per 4-5 minuti. Aggiungere 1 o 2 cucchiai di acqua alla volta per evitare che la cipolla e i funghi si attacchino. Aggiungere l'aglio e cuocere per 1 minuto.

b) Condire con sale. Mentre i funghi cuociono, aggiungi 4 tortillas in una padella antiaderente e scaldale per qualche minuto finché non si ammorbidiscono.

c) Girateli e fateli scaldare ancora per 2 minuti. Rimuovere

CONCLUSIONE

I fast food non sono fantastici? Sono convenienti, le tue mani rimangono pulite (per la maggior parte!) e hai praticamente un numero infinito di varianti. Diversi tipi di pane, ripieni, salse, l'elenco potrebbe continuare all'infinito, letteralmente.

Naturalmente, panini e hamburger non sono solo da mangiare a casa. Parte della loro comodità è avere la possibilità di impacchettarli e portarli ovunque, al lavoro, a fare un picnic o semplicemente una giornata fuori dove vuoi portare il tuo cibo con te.

Tuttavia, ci sono conseguenze nel mangiare cibo spazzatura oggi; più della metà degli adulti è considerata sovrappeso, con circa il 25% della popolazione adulta definita clinicamente obesa.

Giusto. In definitiva, sta a noi mangiare meglio. Ed è per questo che, con le ricette di questo libro, ottieni cibo spazzatura vegano molto più sano, senza animali e ancora più saporito. Godere!

Lightning Source UK Ltd.
Milton Keynes UK
UKHW020448250621
386093UK00001B/8

9 781802 886047